사막에서

시조사랑시인선 15

임만규 시조집

사막에서

열린출판

사막에서

1판 1쇄 발행 2021년 5월 22일

지은이 | 임 만 규
펴낸곳 | 열린출판
등록 | 제 307-2019-14호
주소 | 서울특별시 서대문구 통일로48길 13, 201호
전화 | 02-6953-0442
팩스 | 02-6455-5795
전자우편 | open2019@daum.net
디자인 | SEED디자인
인쇄 | 삼양프로세스

ⓒ 임만규, 2021
ISBN 979-11-91201-07-9 03810

*책값은 뒤표지에 표시되어 있습니다.
*저자와 협의하여 인지를 생략합니다.

■ 서문

감성感性의 뿌리와 성찰省察의 열매
-임만규 시인에게 주는 글

이근배 (시인·대한민국예술원회장)

  이 땅의 오랜 모국어의 나무들이 활짝 꽃을 피우는 새봄이 왔다. 만물광휘萬物光輝의 때를 맞이하여 여기 첫 시집을 내는 임만규 시인을 만나는 기쁨은 매우 크다. 나라가 처음 열릴 때부터 시로 해가 뜨고 시로 달이 지고 시로 농사짓고 시로 길쌈하고 시로 나라 살림하는 겨레였다. 글자가 없었을 때는 입에서 입으로 뜻과 소리를 퍼뜨려왔고 남의 글자를 빌어쓸 때는 뜻글자를 소리글자로 바꿔서 높은 궁궐에서 낮은 오두막까지 시(노래)로 슬픔을 달래고 기쁨을 나누었다. 이렇듯 우리 몸속에 아지 못하게 배어 내려온 시의 물줄기를 어찌 거스르랴.

  임만규 시인은 어린 날부터 남다른 시재詩才를 떨쳤으나 가슴에다 담은 채 글쓰기와 크게 다르지 않은 출판사 경영에 나서면서 다독이며 살아왔다. 그러나 마치 용암처럼 끓어오르는 그 시적 에너지를 더는 누르지 못하고 붓을 들었으니 일찍이 육당六堂이 "조선인이 가지는 가장 오랜 실재實在며 예술적 재산의 오직 하나인 성형成形"이라고 천명한 시조쓰기였다.

  오늘에 와서도 자유시가 마치 주류인 양 범람하고 있는데 왜 외

골수로 형식이라는 틀에 얽매이는 시조를 택했을까 하는 물음이 앞선다. 여기에 임만규 시인은 대답할 것이다. 시조를 하나의 열매에 비유한다면 열매이기 이전에 꽃이었을 것이고 꽃이기 이전에 뿌리였을 것이다.

시조가 온전한 형식을 갖춘 것이 고려 중기였다면 거슬러서 올라가면 삼국시대가 있고 또 그 이전이 있지 않은가. 서기 888년(신라 진성여왕 2년)에 왕의 명으로 위홍魏弘과 대구화상大矩和尙이 신라 상, 중, 하 삼대의 향가를 엮어 「삼대목三代目」을 엮었다는 기록으로 미루어 상대上代라면 AD 1세기경에 이미 향가가 널리 불리어졌다는 것이 된다. 더 멀리 올라가면 시조의 발원지는 처음 나랏말씀이 시작되면서였을 것이다.

큰 임금 세종께서 한글을 창제하시고 정인지鄭麟趾, 안지安止, 권제權踶 등에 '용비어천가'를 짓게 하시매 제2장에 "뿌리 깊은 나무는 바람에 아니 뮐세 꽃 좋고 열매 많으니" 시구가 곧 내 나라 말씀의 가장 깊은 뜻이요 오랜 가락의 울림이라, 이 나라에 태어나서 내 나라의 말씀과 내 겨레의 글자인 한글로 시를 쓸진대 맨 앞에 나설 일이 시조쓰기여야 하고 시조쓰기로부터 한국 문학의 너른 지평을 열어가야 한다.

"큰 그릇은 늦게 만들어진다(大器晚成)"고 노자는 일렀다. 임만규 시인은 마음 가는 대로 해도 법도에 어긋남이 없다는 종심從心에 이르러 등단의 절차를 밟았으니 바꾸어 말하면 그만큼 더 많은 시적 소양을 쌓은 것이기도 하다.

왜 이리 부끄럽지
마주 서 바라보면

조금은 당황하지
속마음 들켰을까

서둘러
거짓을 지우고
세상으로 나가란다

<거울> 전문

말라르메는 "시는 감성이 아니라 체험"이라 했고 I·A 리처즈는 "시인은 왜 언어의 지배자인가, 그는 체험의 지배자이기 때문"이라 했다. 이규보李奎報는 글쓰기에 대하여 "뜻을 세우는 일이 가장 어렵고(設意最難) 말을 꾸미는 것은 그 다음(綴辭次之)"으로 놓았다.

<거울>을 보자. 날마다 내 모습을 비춰보는 그 일상의 반복에서 시인은 얼굴이나 옷매무새가 아닌 살아온 날을 반추反芻한다. 윤동주는 시 <하늘과 바람과 별과 시>에서 "죽는 날까지 하늘을 우러러 한 점 부끄럼이 없기를"을 스물다섯 살에 썼고 서정주는 "세상은 가도 가도 부끄럽기만 하더라"를 시 <자화상>에 스물세 살에 썼다. 그 시대를 사는 시인들의 부끄러움은 무엇이었으며 오늘 이 시대를 사는 일흔 살 시인의 부끄러움은 어떻게 다를까.

"조금은 당황하지/ 속마음 들켰을까"에서 거울 밖의 '나'와 거울 속의 '나'가 하나가 아니고 둘이며 서로 다른 타인이 된다. 내가 세상을 살아오면서 저질러온 것들 누더기 진 속마음을 거울 속의 또

다른 나에게도 들켜서는 안 된다. 그러나 "서둘러/ 거짓을 지우고/ 세상으로 나가란다"라고 거울 속의 내가 나에게 타이르고 있다. 이 작품은 너무도 정확히 시조의 기본 음보를 밟고 있으면서도 44 글자 속에 담은 뜻은 차고 넘친다. 누구나 거울 앞에 서지만 그 누구도 이렇듯 촌철살인의 에피그램을 떠올리지 못한 것을 임만규 시인은 연륜과 사유의 축적으로 뽑아 올린 것이다.

    표정은 초연해도
    가슴은 바다 심연

    달래며 쓰다듬은
    천형天刑의 세월이여

    슬퍼서 아름다운가
    은빛 푸른
    사랑아
                                     <진주> 전문

  바다 깊은 곳에서 조개는 스스로에게는 아무런 의미도 없이 오직 고통일 뿐인 오랜 세월을 바쳐 진주를 만들어낸다. 금은의 재료나 연마의 기구도 없이 바닷물과 맨살로 황홀한 보석을 낳는다. 흔히 시인이 한 편의 시를 낳는 일을 조개가 진주를 낳는 일에 비유하기도 한다.
  시인이 생각의 칼을 갈고 끝을 벼리어서 큰 바위를 뚫어내는 일 또한 어떤 대가나 보상을 바라서가 아니다. 그러나 진주가 세상에

나가서 그 아름다움 때문에 많고 많은 이야기를 엮어가듯이 한 편의 시도 읽는 이들에게 천만 갈래의 감동을 주지 않는가.

<진주>의 종장에서 "슬퍼서 아름다운가. 은빛 푸른/ 사랑아"는 곧 진주를 보는 시인의 눈빛이기도 하다.

> 오늘도 연습 없는 어제의 새날인데
> 온 길을 돌아보니 부끄러운 발자국들
> 무수한 패배의 대가로
> 오늘 여기 서 있다
>
> <반추反芻> 초장

M. 아널드는 "시란 본질적인 면에서 삶의 비평"이라고 풀었다. 시로 누구를 비평할 수 있겠는가. 오직 나를 성찰하고 또 성찰하는 일이 아니겠는가. 임만규 시인이 첫 시조집 「사막에서」의 전편에는 깊고 깊은 땅속에 묻고 있는 감성의 뿌리에서 길어 올리는 언어와 모진 비바람 눈서리를 견디며 알알이 붉은 성찰의 열매로 채워져 있다.

이제 이 나라의 시인으로 이 겨레의 시조시인으로 "거짓을 지우고" 세상에 나왔으니 켜켜이 쌓아놓았던 생각의 곳간을 활짝 열어 탑돌 위에 하나의 돌을 더 쌓기를 빌며 시조집 출간을 축하한다.

■ 시인의 말

본업을 내려놓고 소년시절의 꿈, 글쓰기를 시작한 지도 벌써 다섯 해째 접어든다. 그간 수필가, 여행 작가, 시조시인이라는 이름을 얻었다. 짧은 기간에 여러 곳을 기웃거린 셈인데, 왜 그토록 마음만 앞서는지. 글은 나에게 무엇인지. 글은 왜 써야만 하는지. 그 연원은 어디인지. 이 의문들은 답이 힘든 화두처럼 한동안 나를 따라다닐지도 모른다.

모아둔 작품 중 시조집을 먼저 펴낸다. 아직은 많이 부족하다. 그러나 "가지고 있으면 너무 힘드니 덜어내라"라는 선배의 말씀을 들어야겠다고 결심했는데 또 한해를 넘기고는 새봄이 되었다. 그래, 내려놓고 새로 시작하자, 선배의 핑계를 대보며 부끄러운 일을 감내하기로 했다.

시조는 학창시절 교과서의 고시조 몇 편을 접했던 것이 전부였지만 그 아름다움에 늘 가슴이 설레었다. 우리 민족의 얼 속에 흐르는 정한을 노래해 온 민족시이었기 때문일까. 이 고시조가 근대시조를 거쳐서 현대시조로 자리한 지도 오래련만 웬일인지 자유시처럼 쉽게 접하지를 못했으니 참으로 불민한 일이다.

시조 역사와 정형의 기본형식을 배우고 익히며 어느덧 그 속에 조금씩 빠져들고 말았다. 시조는 형식이 있어서 창작이 매우 어렵다고 말하는 사람도 있지만 반대로 편하다는 사람도 있다. 어떻든 시조도 문학의 타 장르처럼 깊은 사유와 고뇌의 결정체인데 형식유무를 떠나 그 어려움은 마찬가지 아니겠는가.

　시인에게는 투명한 날개가 있어 시공을 자유롭게 왕래하고 능력은 전지적이며 초월적이라 무엇이든 마음만 먹으면 창조를 해낼 수가 있다. 주변의 자연 하나하나에서 새로운 아름다움을 발견하고 노래한다. 그리고 자신의 인생을 돌아보며 삶의 진정한 의미를 찾아내기도 한다. 그뿐만 아니라 상상을 통해 경이로운 세계에 도달할 때도 있다. 그러다 문득 몽환에서 깨어나 스스로에게 질문을 하기도 한다. 내가 지금 어디에 서 있고, 또 어디로 가는 것인지. 시조의 창작은 이렇듯 의식을 깨우고 무한한 자유와 큰 위안을 안겨준다. 그리고 조금씩 자아를 성숙시켜간다.

　"언어와 생각은 세상을 변화시킬 수 있다." 영화 '죽은 시인의 사회'에 나오는 대사 중 하나다. 시조를 쓰기 시작하면서 이 평범한 말이 왜 계속 머리에 떠오르며 내게 천착이 되는 건지. 그 이유는 그 속에 나오는 세상이 남이 아니라 바로 나 자신이기 때문인지도 모른다. 그렇다, 시상을 적확하게 표현할 시어 하나를 찾기 위해 긴 시간을 보내며 분투를 하지만 항상 내 언어가 부족해 빈손이기 일쑤다. 그런데 가끔은 그 절망에서 만난 어느 단어 하나가 내 마음을 정갈하게 씻어주며 행복의 세계로 안내해 준다. 이렇게 놀랍고 마법 같은 변화가 시조가 아니면 어디서 가능할까. 지금 나에게 말이다.

    나는 복이 많은 사람이다. 부족한 작품에 서문의 글을 주신 대한민국 예술원회장 이근배 교수님, 흔쾌히 평설을 맡아주신 원용우 박사님, 시조기초를 지도해주신 이광녕 박사님, 그리고 존경하는 모상철 대 시인님을 비롯해 여러 시백, 문우님들, 몇 년째 함께 산책하며 시조 이야기를 나눠온 도반 임재석 시인님, 출간 소식을 듣고 제작비를 지원해준 민종기 회장님, 예쁜 시집을 만들어주신 ≪열린출판≫ 임직원, 이 모든 분들께 머리 숙여 충심으로 감사한 마음을 전한다.
    이 시조집을 통해서 만나게 될 독자들에게 설렘을 느낀다. 마음의 일단을 엿보며 공유하는 인연에 감사하고 모든 분들이 행복하기를 소망한다.
    이제 마음껏 글을 쓰시라, 응원하는 아내와 자식들에게 이 시조집을 바친다.

신축년 새봄에

■ 차례

서문-감성感性의 뿌리와 성찰省察의 열매__5
시인의 말__10

1부 사막에서

광장에__21
담배__22
분실__23
거울__24
안경__25
경로석__26
노송老松__27
사막에서__28
세미원洗美苑__29
수종사에서__30
신작로__31
회랑回廊__32
시외버스 터미널__33
금문교__34
코로나 19__35
싸웁시다__36

2부 여름밤

봄은 그렇게__39
춘몽春夢__40
여름밤__41
호숫가__42
백중伯仲__43
잠실대교에서__44
매미__45
귀뚜라미__46
옛길에서__47
은비령隱祕嶺에서__48
만추晩秋__49
임진강에 가면__50
떠나잔다__51
갈대__52
나목裸木__53
겨울 산장__54

3부 아름다운 길

진주__57
낙화__58
노을__59
아름다운 길__60
쌍무지개__61
그대 눈__62
칠석七夕__63
친구__64
커피숍__65
겨울바다__66
조각구름__67
설야雪夜__68
모정의 탑__69
한식寒食 날__70
북한강__71
그리움__72

4부 솔 숲길을 거닐며

솔 숲길을 거닐며__75
병산서원屛山書院*에 가면__76
김상헌 시비에서__77
바다여__78
강가에서__79
상원사上元寺__80
홍련암紅蓮庵__81
월정사月精寺에서__82
기다리며__83
반추反芻__84
이기적 존재__85
시간의 길이__86
연鳶__87
차이__88
한 해를 보내며__89
새해 아침에__90

5부 본 대로 느낀 대로

공중도시, 마추픽추__93
신들의 도시, 테오티우아칸 __94
신전의 도시, 치첸이사__95
세계 7대 불가사의, 그랜드캐니언__96
세계 7대 불가사의, 예수상__97
경이로운 대자연, 이구아스 폭포__98
탱고 그리고 에비타 __99
낙원의 초상화, 알람브라궁전__100
생존의 미로, 메디나__101
동화마을, 할슈타트__102
아드리아 해의 진주, 두브로브니크__103
다뉴브 강의 진주, 부다페스트 야경__104
성 바실리 성당__105
발트 해 크루즈, 실자라인(Silja-Line)에서__106
게이랑에르 피오르드__107
천년의 미소, 앙코르 톰__108

평설: 時調道와 人生道의 바른 길을 위하여__111
심사평: 사물을 보는 시인의 철학적 안목이 내재해 있어__134

1부 사막에서

광장에

촛불도 태극기도
돌아간 새벽에는

비둘기 모여들며
저마다 구국구국

버려진 구호 부스러기
비웃으며 쪼고 있다

담배

더듬어 입술 끝에
슬며시 꽂아 넣고

가슴을 대신해서
고독을 태워 내면

사연은 타래를 풀며
시간 속을 나는가

분실

휴대폰 분실했다
세상이 사라졌다

온몸이 굳어오고
정신도 몽롱하다

환청이 멀어져간다
고요하다
아, 자유

거울

왜 이리 부끄럽지
마주 서 바라보면

조금은 당황하지
속마음 들켰을까

서둘러 거짓을 지우고
세상으로 나가란다

안경

따뜻한 입김 불어
마음을 닦아내고

멀어진 추억들도
또다시 닦아내면

그때는 가까이 보일까
오지 않는 사람들

경로석

흰 머리 그윽한 눈
좌우를 살펴보다

세월의 갈피 속에
접어둔 흑백사진

불현듯 꺼내 들고는
뒤돌아서 달린다

노송 老松

젖히며 앞지르는 탐욕스런 덩굴처럼
멀리는 못 갔어도 떳떳하게 올라왔어
신화는 필요치 않아
여기까지 왔으니

시간을 쌓아가며 지켜온 자리인데
정신은 허허롭고 육신은 무거워져
그래도 슬프지 않아
아직까지 서 있으니

교교한 달빛 밟고 우듬지 올라서서
기억의 회랑 속을 더듬어 돌아보니
늙음은 비극이 아냐
놓지 못한 청춘이

사막에서
-페루 와카치나

참으로 멀리 왔다 그래도 가야 한다
눈앞이 황량하니 나도 곧 사막되나
세상은 열려있어도
길 찾기는 어렵다

욕망은 신기루라 꿈처럼 뒤척이고
먼 길을 걸어가면 추억도 짐이 되나
가슴이 너무 기름져
발걸음이 무겁다

여기서 실종되면 세상은 끝이 난다
마음을 열어야지 모래에 갇히려나
버리고 모두 버리고
가족 찾아 걷는다

세미원洗美苑

물을 보며 씻어내라 이르니 관수세심觀水洗心
꽃을 보며 예뻐져라 이르니 관화미심觀花美心
양수리 세미원에서
연꽃이 잎을 연다

백련의 다정스런 자태는 누님이요
홍련의 부끄러운 자태는 신부인데
수련은 예뻐도 연민이라
내 딸들 닮았구나

두물머리 건너가는 배다리 강물 위로
노을이 홍련처럼 설레며 피어나니
초로初老가 걸음 멈춰서
긴 세월을 건진다

수종사에서
-운길산

남한강 유순하게 들을 지나 흘러오고
북한강 도도하게 산을 돌아 다다르니
이제는 하나가 되자
팔 벌리는 운길산

물색이 짙어지니 사색도 깊어가고
온 길은 아련해도 모두 다 인연이라
만남은 얼마나 좋은가
두물머리 저 포옹

동방의 제일 풍광 발아래 두고 앉아
삼정헌三鼎軒* 차 한 잔에 속세가 멀어질 때
물소리 종을 울리니
마음조차 씻는가

*삼정헌三鼎軒은 경기도 남양주시 조안면 송촌리 수종사에 위치. 詩, 仙, 茶를 한 솥에 담는다는 뜻으로, 茶山 정약용丁若鏞과 茶仙 초의선사가 茶를 즐겼다는 곳. 서거정이 '동방 사찰 중 가장 전망이 좋다'라는 말을 남겼다는 곳.

신작로

부역 날 깔아놓은 자갈이 튀어나가
버스가 집채만한 하얀 먼지 끌고 오면
아버지 마당 가에서
장승처럼 서 계신다

서울 간 큰아들이 명절에 내려올까
하루에 몇 번이나 헛기침 계속되고
기별도 없었으련만
달려가는 하얀 길

회랑 回廊

혼자서 찾아가는 산기슭 초가집에
오늘도 명지바람 마당에 가득하고
어머니 정다운 미소
반겨 나와 서신다

눈 감고 달려 만난 그 모습 어제인 듯
먼저 간 녀석들도 찾아와 재잘대니
밤나무 팽이 만들고
방패연도 띄울까

떠난 이 모두 모여 예처럼 신명 나서
내게서 걸어 나와 그리움 펼쳐 드니
시간도 가던 길 멈추고
하늘가를 맴돈다

시외버스 터미널

사연이 떠나가면 다른 사연 찾아오고
눈물이 흐르는데 웃음소리 들려오네
친구 집 마당 가에는
긴 버스가 들고난다

마음은 남겨놓고 서울 간 까까머리
세상을 돌고 돌아 껍질로 돌아오니
모두 다 떠나버리고
추억들만 꽃비처럼

노을빛 차창 가에 실루엣 떠오르고
자치기 제기차기 윷놀이 연날리기
언제나 싸움질로 끝난
녀석들이 웃는다

금문교

대보름 쥐불놀이 논둑길 달리면서
목청껏 불러대던 신나도 왠지 슬픈
'내일은 떠나가실 임이여'
세월 가도 울렁이는

일 년 내 벽에 붙어 빛바랜 달력 사진
그립고 눈물겹게 가슴에 살아있어
긴 세월 걷고 걸어서
'금문교야, 내가 왔다.'

코로나 19

눈에는 안 뜨이게 비말에 숨었다가
순간에 침투해서 생명을 위협하니
무도한
저들은 누군가
어디서 온 자객일까

약국을 들락날락 몇 시에 오면 되나
택배를 기다리다 결국은 줄을 서서
한 번도
경험하지 못한
마스크로 하루를

싸웁시다

코로나가 무엇일까 우리네 인생일까
정답이 무엇이든 존재가 부조리다
열심히 싸울 수밖에
페스트*와 그랬듯

삶이란 사랑처럼 참으로 아름답다
때로는 힘이 들고 해피엔딩 아니라도
얼마나 위대한 일이냐
싸웁시다, 어려워도

*페스트는 중세에 유럽에서 유행했던 가장 규모의 재앙이었다.
 1347~1351년 약 3년 동안 2천만 명에 가까운 희생자를 냈다.

2부 여름밤

봄은 그렇게

땅 밑이 들썩들썩
성화를 부려댄다

저 위에 세상사는
알 바가 아니라며

더 이상 참지 못하고
밀어 올린
초록빛

춘몽 春夢

매화가 가지 위로 삐죽이 눈을 뜨고
 버들이 가지 끝에 초록빛 매달면은
겨울은 어느새 꽃밭으로
주춤주춤 숨는다

긴 시간 짧게 사나 짧은 시간 길게 사나
인생사 한단지몽* 모두 다 내려놓고
벚꽃 잎 호수 위에서
나비되어 날은다

*한단지몽邯鄲之夢: 중국 한단邯鄲이란 도시서 꾼 꿈. 인생의 덧없음과 영화의 헛됨을 말하는 고사성어. 노생盧生이란 젊은이가 주막에서 여옹呂翁의 베개를 베고 잠이 들었는데, 꿈속에서 50여 년의 영화를 누렸다. 깨어나 보니 주막에서 밥 짓는 시간이었다.

여름밤

쑥대로 마당 가에 모깃불 피워놓고
밀 방석 길게 펴니 하늘엔 하얀 별 밭
별똥별 긴 꼬리 달고
사라진다. 그곳에

반딧불 파란불이 싸리문 드나들면
풍뎅이 홀홀 날고 풀벌레 찾아들던
천애天涯*의 그 밤을 찾아
눈을 감고 떠난다

*천애天涯- 하늘 끝, 海內存知己 天涯若比隣(해내존지기 천애약비린)
 '세상에 나를 알아주는 친구가 있다면 하늘 끝에 살아도 좋겠네.'
　　　　　　　　　　　　　-중국 당나라 왕발(王勃)의 시에서

호숫가

실버들 초록빛이
물 위로 떨어지니

진달래 빨간 입술
서둘러 여시는가

역병이 막아서는데
약속 지킨
임이여

백중伯仲

산사의 풍경 소리
초혼을 마중하니

혼백을 받쳐 들고
한 걸음 다가선다

서원은 향불에 실려
서방정토 향하고

잠실대교에서

폭염이 내리던 날 다리 밑 길게 누워
강바람 못 이기고 오수에 빠져들 때
꿈인 듯 들리는 소리
졸졸졸졸 쫄쫄쫄

바위 밑 빠져나와 빙점에 갇혀있다
댐 밑에 힘든 세월 모두 다 견뎌내고
내일은 바다 도착해,
몽매간에 그리던

그곳은 끝이 아냐 새로운 시작이지
세상을 돌고 돌아 마침내 다다라도
운명은 우리 운명은
돌아가는 것이라

매미

긴 기다림 짧은 사랑
뜨겁게 펼치는데

가을빛 다가오니
슬픈 날개 흔드는가

맴 맴 맴
절규의 합창
여름밤을 삼킨다

귀뚜라미

숨죽여 기다리다
한여름 보내고야

가을밤 뚫어가며
전하는 공명共鳴인가

찌르르
애원의 노래
임께서도 들으시나

옛길에서
-대관령

굽이굽이 고갯길에 솔바람 소슬하니
무거운 세상사는 바위에 내려놓고
물소리
발아래 흘려
산을 베고 눕는다

흰 구름 한가로이 창공을 지나면서
나그네 내려보고 한마디 놓고 가나
큰일만
하려 하지 말고
진실한 일 하시게

은비령*隱祕領에서

신선 같은 구름 따라 바람이 흘러가나
산길도 고즈넉해 세상사 멀어지니
어느덧 속세를 떠났는가
갈 길조차 잊은 채

장엄한 녹음 바다 산 향기 흔들면서
나그네 포옹하고 은밀히 속삭이니
따뜻한 눈으로 보시게
결국에는 마음이야

*은비령隱祕領 강원도 인제군 귀둔리 소재. 내설악 한계령과 점봉산의 절경을 넘나드는 길목에 있으며 한계령이 생기기 전 영동과 영서를 잇는 지름길.

만추晩秋

갈바람 물을 건너
갈대에 스러지면

탈색된 사연처럼
사색도 낙엽 되나

먼 길을
떠나는 가을
호숫가에 서 있다

임진강에 가면
-황포돛배

강물은 흐르는데 뱃길이 막혔으니
두고 온 임 생각은 참아도 서러워서
사공은
 백발이라도
그 세월만 젓는가

눈길로 건너가는 침묵의 강가에는
갈대가 가을볕에 흰 머리 빗질하고
나그네
갈매기 따라
빈 돛배 위 날은다

떠나잔다

하늘은 높아가고 들국화 청초하니
마음이 집을 나서 어디든 떠나잔다
산 향기 푸르게 피는
소금강산* 어때요

바람꽃 피고 지는 산정에 올라서서
갈맷빛 동해바다 망망히 바라보다
한 걸음 내디뎌 가면
울렁이는 단풍잎

물길은 윤회처럼 바위를 돌고 돌아
깊은 소沼 머물다가 또다시 떠나자며
폭포가 산을 깨우는
온새미로 산하로

*소금강산小金剛山 강원도 강릉시 연곡면 삼산리 소재.

갈대

바람이 불어오니
그것은 시간이다

미련을 사각사각
선율로 달래면서

한 해를
머리에 이고
강 언덕을 오른다

나목 裸木

채웠다 비워놓고
사는 일 사유할 때

모두 다 허상이라
바람이 속살거려

내년 봄
새싹 틔우고
오던 길로 갈 텐데

겨울 산장

위에서 아래까지 모두 다 벗어놓고
초연한 나목들이 동안거* 들어가니
햇살도 높은 산마루
서두르며 넘는다

삭풍이 몰아쳐도 가슴은 뜨거워서
긴 밤을 불사르며 목숨 건 용맹정진
거짓은 스러져가고
진실만이 남는가

지붕에 걸터앉아 물소리 엿들으며
새벽을 넘고 있는 초승달 차가운데
저 불빛 잠 못 이루고
그 누구를 기다리나

*동안거冬安居: 음력 10월 15일부터 이듬해 1월 15일까지 3개월 동안 승려들이 외출을 금하고 참선에 전념한다는 불교 용어.

3부 아름다운 길

진주

표정은 초연해도
가슴은 바다 심연

달래며 쓰다듬은
천형天刑의 세월이여

슬퍼서 아름다운가
은빛 푸른
사랑아

낙화

떠나며 작별까지
아름답기 원하는가

이별을 말하면서
못 잊겠다 말하다니

호수에 달빛 내리고
벚꽃 잎이
나는데

노을

금 비늘 긴 가르마
수평선 달려와서

가슴을 헤집고는
화살처럼 박히었다

세월도 빼내지 못해
혼자 익는
그리움

아름다운 길

소박하게 산다는 게 얼마나 어려운지
손잡고 걷고 걸어 반세기 지나온 길
노을에
걸터앉아서
바라보는 시간들

사랑과 기쁜 일은 가슴에 쌓아놓고
 눈물과 아픔들은 물에다 흘려가며
우리는
마주 보지 않고
같은 길을 걸었네.

쌍무지개
-팔당대교에서

소나기 미안해서
선물을 주고 가나

일곱 빛 하늘 다리
강가에 세워주니

손주가
큰 눈 반짝이며
행운이라 웃는다

그대 눈

가슴이 두근두근
달래며 마주 보니

그윽한 눈빛으로
내 영혼 사로잡아

이제는 그대 눈으로
세상 밖을 봅니다

칠석七夕

이별이 정해 있어
상봉은 처연하다

오작교 견우직녀
온 밤을 불사르고

올해도 은하수에다
별 하나 출산한다

친구

비행기 떠나던 날
가슴이 아리더니

세상을 떠났단 말
눈앞이 흐려진다

언제나 미소를 짓던
그 얼굴이
커져간다

커피숍

다정한 눈빛으로
커피를 저어가며

감미로운 이야기를
한 잔씩 마시던 곳

오늘은 창밖을 보며
빈 하늘만 젓는다

겨울바다

야속한 겨울바람 백사장 쓸며 가니
묻어둔 언약들이 꿈처럼 뒤척이고
그리움
바다에 빠져
끝없이 깊어간다

파도가 하얀 밀어 쉼 없이 밀며 오니
갈매기 파란 노래 서러워 높이 날고
별 하나
등대 위에서
임 그리며 지샌다

조각구름

가슴에 하늘 안고
한평생 돌아봐도

기적이 침묵하니
떠도는 구름일 뿐

그래도 아름다웠어
사랑을 만났으니

설야雪夜

새하얀 꽃잎들이
왜 저리 흩날리나

이대로 길을 나서
그 밤까지 걸어갈까

길 잃어 미아가 되면
순백으로
남아도

모정의 탑

외로움 묻어가며 그리움 쌓았으리
그리움 묻어가며 세월도 쌓았으리
인고의
스물여섯 해
오직 하나 자식 사랑

슬퍼서 아름다운 노추산* 삼천 탑아
밤이면 별빛 타고 백두대간 올라서나
그 서원
길손 가슴에
신화처럼 서 있다

*노추산 강원도 강릉시 왕산면에 있는 산.

한식寒食 날

초록빛 명지바람
들판을 건너오고

산수유 술잔 위로
빙그르 내려앉네

"어머니
편히 계시죠.
저도 이제 늙었네요."

북한강
　　-대성리 카페에서

산그늘 수묵화로 윤슬을 희롱하면
그리움 심연에서 더더욱 푸르러서
밤에는
별빛을 타고
임을 찾아 떠나나

밀어가 숨어있는 소나무 가지마다
물소리 들려오고 애틋한 이야기들
달빛에
은비늘 반짝이면
울렁거려 어쩌나

그리움

네 남매 짝을 맺어 웃으며 떠나가니
열연한 배우들이 퇴장한 무대처럼
그 자리 덩그런 정적
추억들만 액자에

자식이 자식 낳고 또 그렇게 이어가니
어른 된 어린이가 천사를 앞세우고
기쁘고 자랑스러워
떠난 길로 돌아와

핑크빛 사라지고 검버섯 피어날 때
비로소 깨닫는가 인생은 기적이라
과정이 축복이었다
아름다운 구속이

4부 솔 숲길을 거닐며

솔 숲길을 거닐며

모이고 흩어지는 흥망은 몇 번인가
산하를 굽어보는 치악雉岳은 알고 있나
송림은 하늘 향하고
흰 구름만 흘러간다

비석이 눈을 뜨고 나그네 붙잡으며
청산에 드리워진 사랑가 불러주나
외로움 홀로 익어도
그리움은 푸르다고

바람에 귀를 씻고 가슴을 비질하며
옛 시간 간구하는 절개 푸른 임이시여
홀연히 숨으셨지만
향기조차 숨길 손가

병산서원屛山書院*에 가면

산들이 병풍 되어 속세를 막아서고
강물은 다 껴안고 서원 앞 다다르니
바람도 가던 길 멈춰
앉음새를 바라본다

옷깃을 여미고서 큰 문을 들어서서
만대루* 마주하니 선비는 여유롭고
학동들 글 읽는 소리
시공을 넘어온다

사당 앞 배례하니 임이사 애달파서
배롱나무 꺾어 들고 나그네 꾸짖는 듯
"나약한 그 정신으로
이 나라를 지키느냐."

*병산서원屛山書院 경북안동 西厓 柳成龍 서원
*만대루晩對樓 '최고의 건축미'로 꼽히는 누각

김상헌 시비에서
-궁정동 무궁화동산

열지자裂之者* 떠나실 제 삼각산 올라서서
가련한 백성에게 눈물로 일렀으리
싸워야 지킬 수 있다
그 말씀이 맴돌아

한강물 그날처럼 바다로 향해가고
산천도 의연하게 그 자리 앉았는데
작금이 하 수상하니
임 그리며 서 있네

*'열지자裂之者'란 병자호란 때 적과 화친을 끝까지 반대하며 싸우기를 주장했던 예조판서 김상헌(金尙憲, 1570년~1652년)이 항복문서인 국서를 찢었다는 데서 나온 말이다.

바다여

참으로 신비하다 하늘을 닮은 빛깔
유혹의 소금 바람 비밀의 수수께끼
묵묵히 건너야 할 길
숙명적인 바다여

어디로 가고 있나 오늘도 모르는 채
그래도 가고 있는 가없는 망망대해
파도는 힘에 겨워도
포기 못 할 여로여

고독의 시간 끝에 순풍을 만난대도
세상은 가면이지 거짓된 아름다움
실패를 두려워 마라
진실하면 자유다

강가에서
-싯다르타

흐르는 강물만이 오로지 현재일 뿐
어제와 내일이란 모두 다 그림자니
눈을 떠 바라보아라
시간이란 없는 것

청춘의 사랑 노래 중년의 고뇌 투쟁
노년의 고독조차 한줄기 물길이라
쉼 없이 흘러 흘러서
자신에게 이르는

세상사 온갖 번뇌 윤회의 수레조차
순간에 정지시킨 각성자覺醒者 애달프다
그 지혜 전할 길 없어
가는 길만 이를 뿐

상원사上元寺

여명의 하늘가에
잔별이 스러지면

종소리 원 그리며
오대산 일으키니

오늘도
문수보살님
지혜미소 넉넉하다

홍련암 紅蓮庵

푸른 새 만나려고
이레를 기도하니

바다에 홍련 피고
관음보살 나투셨다

긴 시간
달려온 파도
가슴 가득 넘친다

월정사月精寺에서

고요한 월정사에
휘영청 달이 뜨고

탄허*의 화엄 향기
바람인 듯 탑을 도니

산새가
업장을 물고
적광전에 조아린다

*탄허(呑虛 1913~1983)스님: 불교 학자로 불경을 한글로 번역하는 데 큰 공을 세웠다. 화엄경 게송집을 출간했고 대웅전 현판 적광전寂光殿의 글씨도 남겼다.

기다리며

고도는 누구인지 언제쯤 나타날지
어디서 만날 건지 참으로 모호하다
기다림 그 지루한 시간
그것이 곧 삶의 힘

오늘도 오지 않고 저항도 할 수 없어
세월에 먹혀버린 인간의 존재 조건
마침내 사투르누스*는
제 자식을 삼키고

*사투르누스는 프란시스코 고야의 그림에 나오는 시간의 신이다.

반추 反芻

오늘도 연습 없는 어제의 새날인데
온 길을 돌아보니 부끄러운 발자국들
무수한 패배 대가로
오늘 여기 서 있나

타인의 거울 속에 시간만 흘러가고
비로소 눈을 뜨니 덧없이 멀리 왔다
마음속 문을 지나야
본래 모습 찾을까

기도가 염치없어 형용사 빼버리면
굴레는 허물어져 허상은 비등하고
창공에 구름 가듯이
걸림 없이 흐를까

이기적 존재

무엇이 먼저인가
닭이냐 계란이냐

어릴 적 고민거리
이제는 알아냈지

정답은
알이 먼저야
유전자가 그 속에

시간의 길이

시간은 매우 길다
기다리는 사람에게

시간은 너무 짧다
즐기는 사람에게

시간은
억겁의 척도라
잴 수 없다, 그 길이

연鳶

바람을 차고 올라
창공을 내달으니

세상이 멀어져서
나조차 잊었는데

긴 줄이
어제를 잡고
내일 향해 날잔다

차이

추억과 기억이란
무엇이 다르냐고

밤늦게 뒤척이다
새벽에 던져본 말

추억은
천연색 사진
기억들은 흑백사진

한 해를 보내며

세밑의 해거름에 지난 일 돌아보니
미련 반 후회 반에 가뭇없는 시간들이
수정할 기회도 없어
회한으로 일렁인다

마땅히 다퉈야 할 잘못된 세상 앞에
진실로 누구인지 자신 없는 자신 앞에
오늘도 해지고 있으니
이 얼마나 처연한가

역사도 개인처럼 오로지 한 번이고
시작이 늦은 때는 결단코 없으려니
내일은 회전목마 내려
새 신화를 써보자

새해 아침에

태양이 찬란하게 동해로 솟구치고
갈매기 끼룩끼룩 파도 위 유희하니
끝없는
홍광천리에
새해새날 밝았네

역병아 물러가고 거짓도 사라져라
본래로 돌아가서 새봄을 노래하자
초인이
이 땅에 오셔서
바른 나라 세우리

5부 본 대로 느낀 대로

공중도시, 마추픽추*
　　-페루 잉카문명

셔틀이 곡예하며 쉼 없이 올라가고
구름은 내려오며 애달파 멈칫대니
잠시만 기다려주오 몰아쉬는 가쁜 숨

절벽엔 매달린 길 비탈엔 다락 밭둑
공중에 집을 짓고 구름을 헤쳐가며
야크아** 태양신 섬겨
아, 순정은 별이 되고

퓨마는 포효하고 콘도르 호위하니
풍상이 거듭해도 언제나 제자리라
오늘도 도시의 자색姿色
하늘가에 푸르다

*'마추픽추'는 기원전 1000년경 안데스지방의 고대문명을 이어받은
　잉카족이 절벽에 세운 도시다. 세계 7대 불가사의 중 하나다.
**'야크아'는 전국에서 선발된 처녀들로 한 번 들어오면 평생을 못 나
　가고 태양신을 모시며 험한 비탈에 농사를 지으며 살았다.

신들의 도시, 테오티우아칸*
멕시코 아스텍문명

신전에 올라서서 사제인 양 양팔 벌려
가슴에 깊이깊이 태양을 삼켜보니
순간에 시공을 넘어 벽화 속에 들어선다

잠을 깬 유물 앞에 무심히 다가서니
제사장 나타나서 두 눈을 부릅뜨고
"태양을 살려야 한다." 절규하며 나올 듯

피라미드 우뚝하고 광장도 그대론데
모두 다 비워놓고 신들은 어디 갔나
나그네 허공을 돌며
옛 모습을 그린다

---

*테오티우아칸(teotihuacan), 멕시코시티에서 동쪽으로 약 50km 지점에 위치. 기원전 2세기경 건축된 거대한 피라미드들이 해발 2,300m에 자리하고 있다. 거주지의 유적과 진귀한 벽화들이 잘 보존되어 있다. 유네스코 세계유산이다.

신전의 도시, 치첸이사*
-멕시코 마야문명

신성한 우물 찾아 정글로 들어서니
해맑은 피라미드 환하게 미소진다
어이해 저 미남자가 숲속에서 살고 있나

사면에 91계단 합하면 364개
꼭대기 하나 있어 모두 다 365개
삼각형 빛과 그림자, 뱀이 환생 꿈틀대고

세월도 아득하다 기원전 3천 년은
도시를 지어놓고 홀연히 떠났으니
연유를 쫓는 사람들
상형문자 맴돈다

---

*치첸이사: '치첸이사'는 기원전 3000년~기원전 2000년경의 고대문명인 '마야문명'의 꽃으로 불리는 곳. 우주 과학이 매우 발달됨. 5126년마다 태양계 행성들이 일직선이 된다는 사실과 1년을 365일로 계산한 태양력이 발견되었다. 세계 7대 불가사의 중 하나다.

세계 7대 불가사의, 그랜드캐니언*
미국 애리조나주

사막에 해가 뜨니 바위산 붉어지고
덤불 나무 데굴데굴 평원을 굴러가니
인디언 제로니모가 바람처럼 달려올 듯

백 년은 인간 시간 만 년은 신의 시간
아득한 육백만 년 쌓아온 사연들이
불나방 그저 놀라워 허공만을 날고 있다

밤이면 은하수가 계곡에 내려앉아
긴 세월 층층마다 서러움 닦아냈나
시처럼 슬픈 강물이
눈 속으로 흐른다

---

*그랜드캐니언의 총 길이는 약 400km, 깊이는 1.6km, 폭은 넓은 곳이 16km에 이른다. 7~13개의 지층이 나타나 있다. 약 600만 년 전 상류에 큰 호수가 있었고, 물이 흐르며 1천 년에 3m씩 땅을 침식, 밑으로. 콜로라도강이 흐른다. 세계 7대 불가사의 중 하나다.

세계 7대 불가사의, 예수상*
-브라질 리우데자네이루

새하얀 도시에서 짙푸른 바다까지
리우는 명불허전 정열이 비등飛騰하고
비구름 산허리 감으니 여기저기 오 주여

산길은 구불구불 바위 속엔 승강기가
오르고 또 올라서 마주한 흰색 기둥
목 젖혀 올려다보니 내려보는 구세주

밤낮을 한결같이 세상을 바라보며
하시는 말 무엇일까 그것은 사랑이라
보아라, 나 여기 서서
어린양을 인도하니

*"예수상"은 1931년 브라질의 독립 100주년을 기념하기 위해서 세워졌다. 높이 30m, 좌우 길이 28m, 손바닥과 머리의 크기가 각 3m, 무게 1145t의 조각상이다. 해발 710m의 절벽 산 정상에다 어려운 난공사를 해 거대한 동상을 세웠다. 세계 7대 불가사의 중 하나다.

경이로운 대자연, 이구아스 폭포*
아르헨티나

정글 속 꼬마기차 기적을 울려대니
날짐승 길짐승이 놀라며 잠을 깨고
서둘러 숲속의 꽃들 아침이슬 마신다

조용한 강물 위로 이어진 나무다리
갑자기 길을 막고 물보라 천둥 치며
발아래 '악마의 목구멍' 모든 세상 삼킨다

강물이 빠져들고 소리도 빠져들고
끝 모를 심원으로 나마저 딸려가니
전율 속 희열은 웬일인가
모두 놓는 그 순간

---

*'이구아스 폭포'는 세계 3대 폭포 중 하나. 아르헨티나와 브라질 양국 국경지대에 걸쳐있다. 너비는 나이아가라 4배인 4.5km이며 275개나 있다. 폭포는 모두 브라질에 있는데, 단 하나 아르헨티나에서만 볼 수 있는 폭포의 하이라이트는 '악마의 목구멍'이다.

탱고* 그리고 에비타**
아르헨티나 부에노스아이레스

새하얀 남미 지붕 안데스 넘어서니
순풍이 강을 재워 향수를 달래주나
철없이 잠들지 않는 거리 나그네도 이민자

원색의 골목길에 탱고는 시간 타고
뱃전에 마도로스 벽에서 춤을 추고
아이는 "엄마 찾아 3만 리" 가슴마다 그리움

무희가 춤을 추니 선율은 흐느끼고
에비타 뮤지컬에 민중은 절규한다
"날 위해 울지 말아요, (아르헨티나)"
사랑이여 노래여

*'탱고'는 남미 아르헨티나 '라 보카' 지구에서 발생한 춤이다. 유럽의 이민자들이 향수를 달래려고 노래를 만들고 춤을 추었다.
**'에비타'는 불우한 환경서 배우, 페론대통령의 부인이 되었다. 뮤지컬과 주제곡 Don`t cry for me Argentina는 지금도 공연된다.

낙원의 초상화, 알람브라궁전*
스페인 그라나다

긴 세월 바라다 본 정원의 키프러스
사연을 알건마는 모른 체 말이 없고
궁전은 아픔을 감추며 이방인을 맞는가

성벽은 붉은 점토 건물은 흰 대리석
천정엔 일곱 천국 분수는 열두 사자
노을이 지붕을 물들이니 왕비 연못 금빛이다

석양에 속절없이 황홀한 알람브라
떠나는 시간에야 참았던 말 한마디
역사는 죽은 과거가 아냐
살아있는 과거야

*알람브라궁전은 스페인 최남단에 있던 옛 이슬람 왕국의 수도인 그라나다의 옛 궁전이다. 1492년 이사벨 여왕에게 전쟁에 패해 항복했다. 이 궁전은 서유럽에 마지막으로 남아 있는 이슬람문화의 흔적으로 화려함이 "진주궁전", "낙원의 초상화"라고 불린다.

생존의 미로, 메디나*
모로코 페스

대서양과 지중해가 마주한 바닷길로
가난은 천형이라 소년이 탈출한다
자신을 버스 밑에 묶고 신세계를 향해서

테러니*악취 속에 무지개 피어나면
역사는 잠들어도 미로는 살아있나
가난도 세계문화유산 부끄러운 영광만

검은색 마네킹이 비단옷 걸치고서
생존을 흥정한다 출구가 어디냐고
소년이 계속 따라온다,
어린 시절 나를 닮은

*메디나는 침입자를 교란하려고 만든 아주 좁은 미로. 8세기 고대마을로 9천여 개, 세계 최대 규모다. 가죽, 공예 등 가내공업 전통.
*테러니는 노천에 있는 염색공장인데, 심한 악취를 참으며 노동을 한다. 모로코 가난의 상징이다. 세계문화유산에 등재되었다.

동화마을, 할슈타트*
오스트리아

하늘로 치솟은 산 짙푸른 빙하호수
산기슭 모여앉아 꿈꾸는 동화마을
거꾸로 물에 잠기어도 수채화로 떠 있다

세상이 멀리 있어 진실만 살아가고
청정한 영혼들이 욕심을 내려놓은
내 어찌 낙원에 왔을까
이는 정녕 꿈이려니

음악천사 모차르트 어머니와 누나 난넬
밤이면 별과 함께 천상음악 없겠는가
떠나면 돌아오기 어려워
마음만은 두고 가네

*할슈타트(Hallstatt)는 오스트리아 제1 명소로 유럽 3대 경관 중 하나, 호수 지역인 '잘츠카머구트'의 가장 안쪽에 위치. 높은 산들과 에메랄드빛 호수가 있는 마을이다. 14,000년 전인 선사시대부터 사람이 살았다. 'hal'은 겔트어로 소금, 세계 최초의 소금광산인 이곳은 세계문화유산이다.

아드리아 해의 진주, 두브로브니크*
크로아티아

섬과 섬 푸른 바다 도란도란 얘기하고
산 중턱 해안도로 꿈길처럼 이어진다
계속해 달렸으면 좋겠네, 깨지 않고 이대로

육중한 성곽 안에 퇴색된 대리석 길
시계탑 홀로 서서 옛 영화 지키는가
한사코 바다 향한 정열
사나이들 환영幻影만

8월의 태양 아래 뱃전에 기대서서
포구를 향해가니 나그네 애처롭다
시간은 정녕 환상인가
떠나가면 오지 않는

*두브로브니크는 아드리아해 최대의 성곽도시다. 14세기 노마네스코 양식의 정교회, 궁전, 시계탑, 조각의 건물 등이 있다. 영국 극작가 버나드 쇼는 "지상의 천국을 보려거든 두브로브니크로 가라"고 예찬. 유럽인들의 휴양지 선호 1위다, 세계문화유산이다.

다뉴브 강의 진주, 부다페스트 야경*
헝가리

테레제 사랑하던 베토벤 소나타도
성당에 헌정하던 하이든 칸타타도
영혼은 다뉴브에 남아
'열정'으로 꽃이 되고

어둠이 내리는 강 잔물결 속살이고
왈츠도 애무하며 여름밤 흘러가니
다리의 형형색색 불빛 유혹처럼 감미롭다

부다 왕궁 밤이 되면 고혹하게 갈아입고
페스트 의사당은 금빛으로 현현炫炫해라
나그네 이국 하늘에
가족 얼굴 그린다

*다뉴브강은 독일 바덴에서 시작해 오스트리아와 헝가리 대평원을 지나서 부다페스트에 이른다. 유럽에서 두 번째로 긴 강이다. 히틀러가 좋아했던 도시로 그의 방문을 환영하기 위해 조명을 한 것이 유래다. 유럽의 3대 야경, 세계문화유산으로 등재되었다.

성 바실리 성당*
러시아 모스크바

미래로 가면서도 마음은 과거라서
잊었다 떠오르는 어두운 철의 장막
담장은 아직도 붉고 높아 속을 모를 크렘린

광장을 지나가는 바람은 무거워도
성당에 쏟아지는 햇살이 현묘하다
천사가 왜 여기 서 있나
붉은 광장 끝자락

지붕에 앉아있는 마법의 양파들은
구원을 염원하는 간절한 촛불이라
나그네 걸음 멈추고
가슴에다 손 얹네

---

*성 바실리 대성당은 모스크바 붉은 광장에 있는 정교회 성당이다. 성인 성 바실리의 무덤 위에 성당이 완공되었으며 기독교의 성지 예루살렘을 상징하는 것으로 받아들여졌다. 47미터 팔각형의 첨탑에 양파 모양의 총 12개의 탑이 있다. 세계문화유산이다.

발트 해 크루즈, 실자라인(Silja-Line)*에서
핀란드~스웨덴

갑판에 올라서서 바다를 내려 보면
어느새 나그네가 포말을 끌고 간다
참으로 멀리 왔구나,
지금 기분 자유다.

백야의 은빛 세상 원근이 사라지니
어제와 오늘마저 초점을 잃어가고
실 짜던 가뭇한 시간
발트해에 잠긴다.

여명에 잠을 깨는 작은 섬 앞자락에
요트가 선 그으며 내 마음 끌고 가고
코발트 수평선 위로 붉은 해가 솟는다.

---

*실자라인SiljaLine은 북유럽 발트해의 호화 크루즈선이다. 헬싱키(핀란드)~스톡홀름(스웨덴)을 운항한다. 아름답고 큰 크루즈선인데, 약 2,800여 명의 승객을 수용할 수 있고, 면세점, 음악 홀, 극장 등이 있다. 하루 한 번 저녁에 출항해 약 17시간 동안 운항한다.

게이랑에르 피오르드*
노르웨이

절벽 끝 오가면서 하늘가 올라서고
해 뜨면 돌이 되는 요정 길 넘어가니
구름은 차창을 스치며 누구신가 기웃댄다

백야가 다가오니 북풍은 멈춰 서고
계곡에 꽃 병풍이 밤마다 높아가도
언제나 피오르드 밀어 태고처럼 옥색이다

그 님이 그리울 때 높이높이 눈을 쌓고
긴 사연 서러울 때 깊이깊이 묻었다가
남몰래 폭포에 펼쳐
면사포를 기우시나

*피오르드는 지구에 수차례 빙하기가 있었는데 해빙기에 그 빙하가 바다로 이동하며 산과 바다를 침식해 생겨난 U자 지형이다. 산의 절벽이 1,000m에 이르고, 깊이가 1,300m 되는 곳도 있단다. 게이랑에르 피오르드는 폭포가 많다. 유네스코 자연유산이다.

천년의 미소, 앙코르 톰*
캄보디아 씨엠립

낮에는 아름답고 밤에는 두려운가
시간이 오고 가듯 윤회도 그러하다
정글에 고요히 앉아 미소 짓는 임이여

무엇을 생각하며 어디를 바라보나
세월을 관통하는 진리는 간결하다
거짓을 벗어버리고 참모습을 찾는 일

집착과 사랑조차 모두 다 허상이니
나마저 버리고서 마음을 바꾸면은
그 자리 걸림이 없어
대 자유를 얻으리

* '앙코르 톰'은 캄보디아 씨엠립에 있는 옛 크메르 제국의 수도였다. 1431년 멸망한 후 정글에 묻혀 역사에서 사라져버렸다. 1860년 프랑스 식물학자 '앙리 무어'가 발견했다. '커다란 도시'란 뜻으로 유적 중 '천년의 미소'란 석불상이 유명, 세계문화유산이다.

평설

평설: 時調道와 人生道의 바른 길을 위하여
심사평: 사물을 보는 시인의 철학적 안목이 내재해 있어

■ 평설

時調道와 人生道의 바른 길을 위하여

원용우 (평론가, 시조시인, 문학박사)

인간에게는 누구에게나 발표 욕구가 있다. 말로 발표하면 청자聽者가 있고 글로 발표하면 독자讀者가 있다. 우리가 시조를 쓰는 것은 그 발표 욕구를 충족시키기 위해서다. 시조를 애써서 써놓았는데, 발표하지 않고 그냥 둔다면 아무런 의미가 없다. 그래서 시인들은 월간지, 계간지, 동인지 등에 발표하는 것이다. 이번에 임만규 시인이 여러 곳에 이미 발표한 작품들을 모아 첫 시조집을 상재한다니, 우선 축하드리고 격려의 박수를 보낸다. 마치 첫 아이를 낳은 것처럼 경사스러운 일이다.

임만규 시인은 오랫동안 출판업에 종사해왔다. 이제는 출판업을 떠나 시조시인, 수필가, 여행 작가로 활동 중이다. 이번에 출간하는 책이 시조집이니 시조에 시각을 맞춰 논의를 전개하겠다.

시조는 700년 이상의 역사를 지닌 우리의 전통문학이다.

"신라 이후 우리 민족 생활과 문화의 뒷받침이 되어온 불교가 고려 말기에 들어서서 누적된 폐단으로 말미암아 毒民害邦하는 禍根으로 전락되자, 새로운 지도이념으로 각광을 받게 된 朱子學의 등장과 시조 형태의 완성이 때를 같이한다는 사실이다.

바꾸어 말하면 시조는 새로운 지도이념으로서 朱子學의 熱烈한 신봉자였던 유학자들에 의해 발견된 새로운 詩形이라 할 수 있을 것이다. 따라서 麗末 忠義之士들의 懷古歌를 비롯하여 李氏王朝 建國當初의 회고가, 死六臣의 絶義歌 등의 내용은 그 모두 유교적인 충의사상으로 채워져 있다. (鄭炳昱 編著: 時調文學事典에서 인용)

정병욱 교수는 시조를 주자학의 열렬한 신봉자였던 유학자에 의하여 발견된 詩形이라 했는데, 필자는 시조의 3장 6구 형식을 그 성리학자들이 창안한 시형이라고 여러 책에서 강조하였다. 그 성리학자들 중에서 작품을 남긴 이로 시대가 제일 빠른 이는 역동(易東) 우탁(禹倬) 선생과 매운당(梅雲堂) 이조년(李兆年) 선생이시다. 이 두 분 중에서 누가 時調의 효시 작품을 남겼는가? 우탁은 1263년생이시고 이조년은 1269년생이시다. 나이로 보면 우탁이 여섯 살 위이다. 많은 연구자들은 역동 우탁 이전의 시조작품은 아무리 많은 시조집에 실려 있더라도 그것은 믿을 수 없다고 하였다. 성리학과 시조와의 관계가 깊다는 것을 언급한 것이다.

① 성리학의 학맥 安珦(1243 - 1306) → 禹倬(1263 - 1343) → 申賢 (1298 - 1377) → 申用羲(1315 - 1382) → 李穡(1328 - 1396) ; 鄭夢周(1337 - 1392)
② 시조 작자로는 우탁·이조년·성여완·최영·이색·정몽주·이존오·원천석 등이다. (서원섭: 시조문학연구 23쪽)
③ 그러나 고려 후기에 이르면 시조를 남긴 작가가 많고 후대인의 의작이라고 보기 어려운 작자의 작품이 나타나는데, 그 첫 예

가 우탁의 작품 3수이다. (박을수, 한국시가문학사, 158쪽)
④ 『교본 역대시조전서』에는 고구려 을파소의 시조를 비롯하여 백제의 성충, 신라의 설총, 고려의 최충, 정지상 등의 시조가 실려 있다. 그러나 그 사이의 규명에 의하여 이들 시조가 후대인의 위작일 가능성이 짙다고 판명되었다. 고려 시대의 시조 35여 수 가운데 10수 정도는 의심의 여지가 없으며, 그 중 맨 먼저 노래된 것으로 禹倬의 시조를 들 수 있다. (김제현, 시조가사론, 147쪽)

인용문 ①은 성리학을 누가 들여왔으며, 누구에 의하여 그 학맥이 전승되었나를 알아보기 위해 표시하였다. 시조는 성리학자들이 발생시켰는데, 우두머리로 나타난 분이 우탁과 이조년이다. 그 도표를 보면 이조년은 학맥에서 빠져 있으니, 이조년이 시조의 효시작품을 창작했다고 보기는 어렵다. 그 다음에는 세 분 학자의 설을 인용했는데, 서원섭은 우탁 다음에 이조년을 언급했고, 박을수는 우탁의 작품 3수가 진품이라 하였고, 김제현은 맨 먼저 노래된 것이 우탁의 시조라고 하였다. 이러한 결과로 우탁의 <탄로가>는 고시조의 효시작품이라 인증된 것이다.

임만규 시조 모음집을 통람해보니, 작품 하나하나가 개성 있고, 읽을 맛이 나고, 서정에 기댄 좋은 작품이란 인상을 받았다. 임만규는 전통을 중시하는 전통시인이고, 바른길만 걸어가는 정도의 시인이고, 긍정적인 인생관을 가진 품격 있는 시인이다. 그의 작품을 숙독하면서 심오한 세계를 탐색하고자 한다.

1. 短時調의 妙味

> 촛불도 태극기도 돌아간 새벽에는
> 비둘기 모여들며 저마다 구국구국
> 버려진 구호 부스러기 비웃으며 쪼고 있다
>   - 광장에, 全文

 이 작품의 제목은 <광장에>인데, 바로 그 광장이란 광화문 광장을 은유한 것 같다. 여의도 광장이 있긴 하지만 이 작품에서는 광화문 광장을 의미한다고 여겨진다. 시간적 배경은 새벽녘이고 공간적 배경은 광화문 광장이다. 이곳은 시도 때도 없이 시위가 벌어지는 곳이다. 촛불을 들고나와서 구호를 외치는 부류도 있고, 태극기를 들고나와 시위하는 부류도 있다. 두 부류가 민주주의를 하자고 외치는데, 어느 쪽이 진짜이고 어느 쪽이 가짜인지는 잘 모르겠다. 둘 다 진짜 같지는 않고 어느 한쪽은 가짜일 것이다. 나라를 위해 외치는 집단은 진짜이고 소속된 진영을 위해 외치는 집단은 가짜일 것이다.
 어느 집단은 촛불을 들고나오고 어느 집단은 태극기를 들고나오는 것이 특징이다. 낮에는 이 집단들이 광장을 차지하고 밤에는 비둘기들이 모여서 "저마다 구국구국"이라 외친다. 구국구국이란 비둘기 소리를 흉내 낸 의성어 같은데, 나라를 구하겠다는 救國이란 의미도 내포된 것 같다. 참으로 재미있는 표현수법이다. 종장에서는 비둘기들이 먹을 것을 쪼는 것이 아니라, "버려진 구호 부스러기"를 쪼고 있다고 표현하였다. 약간은 풍자적인 표현 같다. 그것도 비웃으며 쪼고 있다니, 인간들은 비둘기들한테 웃음거리가 된 것이다.

우리 인간들이 정신 똑바로 차려서 비둘기에게 비웃음당할 일은 하지 말아야 하겠다는 생각이 든다.

> 더듬어 입술 끝에 슬며시 꽂아 넣고
> 가슴을 대신해서 고독을 태워 내면
> 사연은 타래를 풀며 시간 속을 나는가
>
> - 담배, 全文

시조의 종류에는 단시조, 중시조, 장시조 등이 있는데, 인용한 이 작품은 단시조이다. 시조의 기본형을 한국시조협회에서는 3장 6구 12소절로 되어 있다고 한다. 이처럼 형성된 시조가 단 한 수만 있으면 그것을 단시조라 한다. 시조는 애초에 단시조로 출발했기 때문에, 단시조가 가장 중심이 된다고 하겠다. 단시조를 인간에 비하면 종갓집에 해당하고 종손에 비유할 수 있다.

이 작품의 제목은 <담배>인데, 많은 사람들이 이 담배를 좋아하는 것 같다. 습관적으로 피우는 경우도 있지만, 어떤 일이 잘 안 풀리고 답답할 때 이 담배를 피우면서 스트레스를 해소하는 경우도 있다. 漢詩를 공부해 보면 起承轉結의 구조를 띠었는데, 그 점에 있어서는 시조의 경우도 마찬가지다. 초장이 起에 해당하고 終章의 後句가 結에 해당한다. 초장에서는 "더듬어 입술 끝에 슬며시 꽂아 넣고"라 했는데, 대부분이 이런 모습으로 담배를 피우게 된다.

중장은 초장보다는 아주 다른 모습을 띠었다. "가슴을 대신해서 고독을 태워 낸다."는 것이다. 담배라는 소재에서 자아의 심경문제로 발전하였다. 시상을 이처럼 비약시키는 것이 시적 능력을 발휘하는 것이다. 종장은 轉結部라서 시상을 확 틀어 돌리게 되었는데, "사연은 타래를 풀며 시간 속을 나는가."라고 하여 시원한 모습을 보여주었다. 새끼 꼬듯이 비비 꼰 느낌이 든다. 타래를 푼다는 것은 얽힌 문제가 풀리기 시작했다는 것이고, "시간을 나는가"라고 한 것은 담배 연기 사라지듯이 그 문제 자체가 사라져버렸다는 것이다. 이 작품은 형식, 시어, 그리고 표현에서 시조의 전범을 보여준다. 두고두고 吟味할 맛이 있다.

> 추억과 기억이란 무엇이 다르냐고
> 밤늦게 뒤척이다 새벽에 던져본 말
> 추억은 천연색 사진 기억은 흑백사진
> - 차이, 全文

이 작품의 제목은 <차이>인데, 그 차이를 가지고 시상을 전개하기가 어려울 것이란 생각이 든다. 초장에서 話頭를 던졌는데, "추억과 기억이란 무엇이 다르냐고"라 해서 막연했던 문제가 그 범위를 좁혀 조금은 해결할 수 있는 단서를 잡게 하였다. 그렇더라도 추억과 기억의 차이를 산수 문제 풀듯이 정답을 내기는 어렵다. 추억도 추상명사이고 기억도 추상명사이니 그 기준과 한계를 정하기가 막연하다. 무슨 철학적인 질문 같기도 하고 禪問答 같기도 해서 애매하기는 마찬가지이다.

현대시에는 시어의 曖昧性이 있는데, 홍문표 교수의 이론을 들어보자.

"시어는 일상의 용법을 벗어나 애매성을 지니게 마련이다. 이는 시어의 내포성이나 문맥성과도 관련되는 일이지만 애매성은 시어의 구체적 분석이라는 점에서 다른 의미를 지닌다. 울만은 언어학적 견지에서 同音異議語나 또는 하나의 소리에 여러 가지 의미가 결합되는 어휘적 다의성을 지적한 바 있다. 그러나 시어에 있어서의 애매성의 원리는 일상적 언어의 특수한 예가 아니라 詩語의 기본적 속성이라는 사실이다. 현대에 와서는 시가 일상적인 용법을 벗어난 詩的 構造의 언어라는 관점에서 그 애매성의 필연성이 제기된 것이다. ~ 중략 ~ 그는 정서적인 언어란 지시 대상에 있어서의 오류가 아무리 크다고 하여도 태도나 정서에 있어서 효과가 큰 것이라면 그것은 문제가 되지 않는다는 것이다.
홍문표, 『현대시학』 91쪽.

위의 인용문에서 홍문표 교수는 시어의 애매성의 원리는 일상적 언어의 특수한 예가 아니라 시어의 기본적 속성이라고 하였다. 또한 정서적 언어란 지시 대상에 있어 오류가 아무리 크더라도 태도나 정서에 있어서의 효과가 큰 것이라면 문제가 되지 않는다고 하였다. 필자가 보기에 임만규 시인의 상기 작품은 이러한 애매성의 원리를 잘 살린 작품이라 간주된다.

그러니 중장에서 "밤늦게 뒤척이다 새벽에 던져본 말"이라고 했는데, 이 문제 풀기가 그만큼 어려웠다는 것을 의미한다. 밤새도록 생각하고 새벽녘에서야 답을 찾아냈다는 것이다. 그 답이 종장의 내용 " 추억은 천연색 사진 기억은 흑백사진"이다. 그 답도 애매하기는 마찬가지이다. 왜냐하면 답이 하나로 모아지지 않고 사람마다 다르게 나타낼 수 있기 때문이다. 필자가 생각하기에 추억은 아름다운 것이니, 칼라사진에 비유하고, 기억은 좋지 않았던 사건까지 드러내는 것이니 흑백사진에 비유했다고 사료된다.

휴대폰 분실했다
세상이 사라졌다

온몸이 굳어오고
정신도 몽롱하다

환청이 멀어져간다
고요하다
아, 자유

- 분실, 全文

 이 작품의 제목은 <분실>이다. 사람이 자기의 소지품을 분실했을 때의 상실감은 이루 형언할 수 없을 정도이다. 초장에서는 "휴대폰 분실했다/ 세상이 사라졌다"라고 했는데, 그 휴대폰 분실했을 때의 상실감을 세상이 사라진 것에 비유하였다. 옛날에는 휴대폰 없이도 잘 살았는데, 지금은 휴대폰 없으면 일상생활을 하기 어려울 정도이다. 남녀노소 누구나 다 가지고 있으니 생활필수품이 된 것이다.

 중장에서는 휴대폰이 없어졌을 때의 상황을 묘사하고 있다. 온몸이 굳어진다고 하였고, 정신이 몽롱해진다고 하였다. 그 물건이 얼마나 소중한가를 실감시켜 준다. 휴대폰을 분실 직후에는 幻聽이라도 들렸는데, 이제는 그 환청조차 들리지 않는다. 그래서 終章 前句에서는 "환청이 멀어져간다"는 표현을 했던 것이다. 그 다음 순서는 "고요하다"라는 형용사이다. 靜寂이 찾아온 것이다. 그 상태를 "아, 자유"라고 표현하였다. 그렇다면 휴대폰은 우리를 구속하는 존재였는데, 그 휴대폰이 없어지니 '자유'를 얻게 되었다는 해석이 가능하다. 이 세상에서 자유보다 더 값진 존재가 어디에 있는가." "자유가 아니면 죽음을 달라"는 구호가 나왔을 정도이다.

이러한 표현법을 반어법이라 해야 하나, 역설법이라 해야 하나. 반어법은 속마음과 반대되는 표현을 하는 수법이니, 이 작품은 반어법을 쓴 것 같다. 실제로는 휴대폰이 필요한데, 필요하지 않은 것처럼 '자유'라고 했으니, 반어법을 쓴 것으로 이해된다.

2. 時節歌의 성격

시조란 말은 시절가조에서 왔다고 한다. 그 시절가조를 줄여서 시조가 된 것이다. 우리 시조문학사에서 최초의 시절가는 맹사성의 <江湖四時歌>이다.

> 매화가 가지 위로 삐죽이 눈을 뜨고
> 버들이 가지 끝에 초록빛 매달면은
> 겨울은 어느새 꽃밭으로 주춤주춤 숨는다
>
> 긴 시간 짧게 사나 짧은 시간 길게 사나
> 인생사 邯鄲之夢 모두 다 내려놓고
> 벚꽃 잎 호수 위에서 나비 되어 나른다
>
> - 春夢, 全文

이 작품의 제목은 <春夢>이니 一場春夢의 줄임말 같다. 형식은 두 수로 되어 있는 연시조이다. 제1수는 봄의 경치를 그리고 있는데, 봄 냄새가 물씬 풍긴다. 초장에서는 "매화가 가지 위로 삐죽이 눈을 뜨고"라 했으니, 매화꽃이 피기 시작했다는 의미이다. 게다가 중장에서는 "버들이 가지 끝에 초록빛 매달면은"이라 했는데, 그 초록 잎새가 새로 돋아나는 것을 이렇게 표현한 것 같다. 시조를 쓸 때 先景後情이란 말이 있는데, 이 작품이야말로 그 선경후정의 구조에 해당한다.

　초장에서는 매화꽃 피는 이야기, 중장에서는 버들잎이 돋아나는 이야기를 했으니 先景에 해당하고, 종장에서는 겨울이 꽃밭으로 숨는다고 했으니 後情을 이야기한 것이다. '겨울이 물러가고'라 하지 않고, 꽃밭으로 숨는다고 한 것은 시적 표현을 한 것이다.

　제2수에서는 話題를 인간의 이야기로 바꾼 것 같다. 초장에서 "긴 시간 짧게 사나 짧은 시간 길게 사나"라 진술한 것은 식물의 이야기가 아니라 인간의 이야기로 보아야 한다. 중장에서는 "인생사 한단지몽 모두 다 내려놓고"라 술회한 것도 역시 인생사를 논한 것이다. 여기 나오는 한단지몽은 中國 故事이다. 인생의 덧없음과 영화의 헛됨을 뜻하는 말로 허무주의 사상이 들어있다. 종장은 이 작품의 결론부인데 "벚꽃 잎 호수 위에서 나비 되어 날은다."라고 되어 있다. 그 벚꽃 잎이 떨어져 날리는 모습을 이렇게 표현한 것이다. 벚꽃이 만개한 모습은 보기 좋지만 떨어져 날리는 모습은 보기 싫다. 초·중장의 내용이나 종장의 내용은 같다고 생각된다. 이 작품은 봄의 노래, 즉 春詞에 해당한다.

　　쑥대로 마당 가에 모깃불 피워놓고
　　밀 방석 길게 펴니 하늘엔 하얀 별 밭
　　별똥별 긴 꼬리 달고 사라진다 그곳에

반딧불 파란불이 싸리문 드나들면
풍뎅이 훌훌 날고 풀벌레 찾아들던
天涯의 그 밤을 찾아 눈을 감고 떠난다

- 여름밤, 全文

 이 작품의 제목은 <여름밤>인데, 그 옛날 시골의 여름밤을 생생하게 재연하였다. 50년대에서 70년대까지는 어느 지방이나 똑같았다고 생각된다. 전기가 들어오지 않아서 등잔불을 켜놓고 살았다. 모기가 극성을 부려도 모기향이 없었던 시절이다. 제1수 초장의 내용처럼 쑥대로 마당 가에 모깃불을 피워놓고 모기를 쫓아낼 수밖에 없었던 것이다. 사람들은 마당에 방석이나 멍석을 깔아놓고 누워서 반짝이는 하늘을 바라보았다. 그 별 밭을 바라보면서 시골소년들은 꿈을 키워나갔다. 별똥별이 긴 꼬리를 달고 흘러가는 모습은 신비롭게 느껴졌다. 이 제1수는 한 폭의 풍경화 같다. 이런 것을 서경시라 불러도 좋을 것이다.

 제2수에서도 그 옛날의 시골 풍경이 사실적으로 그려졌다. 반딧불 파란불이 싸리문을 드나들고, 풍뎅이가 날아다니고 풀벌레가 찾아들었다. 이처럼 현실 세계를 그려나가다가 종장에서는 상상의 세계로 넘어간다. 제2수의 종장 "天涯의 그 밤을 찾아 눈을 감고 떠난다."는 상상의 세계이다. 그 天涯는 당나라 시인 王勃의 작품에서 인용했는데, "세상에 나를 알아주는 친구가 있다면 하늘 끝에 살아도 좋다."는 뜻이다. 이 종장이야말로 상상력을 동원한 것인데, 이러한 상상력이 큰 비중을 차지하면 우수한 작품이 된다. 좋은 시를 쓰려면 육안에 보이는 것만 그릴 것이 아니라 육안에 안 보이는 세계를 잘 그려야 된다. 임만규 시인의 꿈이 얼마나 깊고 원대한가를 이 종장에서 짐작케 된다. 좋은 작품이라 평가된다. 이 작품은 여름노래이니 夏詞에 해당한다.

> 강물은 흐르는데 뱃길이 막혔으니
> 두고 온 임 생각은 참아도 서러워서
> 사공은 백발이라도 그 세월만 젓는가
>
> 눈길로 건너가는 침묵의 강가에는
> 갈대가 가을볕에 흰 머리 빗질하고
> 나그네 갈매기 따라 빈 돛배 위 날은다
> - 임진강에 가면, 全文

 이 작품의 제목은 <임진강에 가면>인데, 경치는 더할 나위 없이 아름다운데, 그 강을 경계로 남북이 갈라져 있다. 1950년 6.25사변이 터져 치열한 전투가 벌어졌던 곳이다. 그런데 아직도 휴전 상태에 있으니, 자유 왕래가 불가능하다. 그래서 제1수 초장에서 강물은 흐르는데, 뱃길이 막혀있다고 술회한 것이다. 중장에서는 두고 온 임 생각에 서럽다고 했는데, 이때 <임>의 존재는 하나로 규정할 게 아니라, 독자가 자유롭게 상상할 수 있다. 그러나 '두고 온'에 초점을 맞추면 북에 두고 온 이산가족을 염두에 두고서 한 이야기 같다. 북쪽으로 배를 저어가지 못하고 되돌려서 와야 하니, 세월만 저으면서 갔다 온 셈이 된다. 더구나 사공의 머리가 백발이라고 하였으니, 悲壯美가 넘쳐흐른다.
 제2수 초장에서는 "눈길로 건너가는 침묵의 강가에는"이라 했는데, 그야말로 실감실정이 나는 표현이다. 뱃길로 갈 수 없으니, 눈길로 갈 수밖에 없다는 뜻이고, 오랜 기간 實戰을 하지 않고 조용하니 '침묵의 강'이라 이야기할 수밖에 없다. 그런데 강가에 갈대숲이 우거진 것을 "갈대가 가을볕에 흰 머리 빗질하고"라 표현하였다. 참으로 멋진 표현이라 생각된다.

   종장의 내용 "나그네 갈매기 따라 빈 돛배 위 날은다."는 더 멋진 표현이다. 갈매기 떼가 배를 따라서 날아다니는데, 승선한 나그네가 날아다니는 것인지, 갈매기가 날아다니는 것인지 분간이 안 될 정도다. 그러니 갈매기와 나그네는 하나가 되었다. 갈매기가 나그네이고 나그네가 갈매기 같다. 아주 멋진 광경이 펼쳐졌던 것이다. 이 작품은 가을 노래로 秋詞에 해당한다.

> 위에서 아래까지 모두 다 벗어놓고
> 초연한 나목들이 동안거 들어가니
> 햇살도 높은 산마루
> 서두르며 넘는다
>
> 삭풍이 몰아쳐도 가슴은 뜨거워서
> 긴 밤을 불사르며 목숨 건 용맹정진
> 거짓은 스러져 가고
> 진실만이 남는가
>
> 지붕에 걸터앉아 물소리 엿들으며
> 새벽을 넘고 있는 초승달 차가운데
> 저 불빛 잠 못 이루고
> 그 누구를 기다리나
>
>   - 겨울 산장, 全文

이 작품은 형태상으로 연시조이다. 연시조는 같은 제목 아래 써야 하고, 세 수가 연결되는 맥락이 있어야 한다. 제목은 <겨울 산장>이니, 겨울이면서 산장이라는 용어에 제한을 받아야 한다. 제1수는 나목과 햇살의 모습을 형상화하였다. 초연한 나목들이 동안거에 들어갔다는 것이고, 햇살도 높은 산마루를 서둘러 넘어갔다는 것이다. 여기서 나목들을 승려들이 동안거에 들어간 상태라고 하였다. 아무것도 소유하지 않은 나목이나 돈보다는 참선에 전념하는 승려들을 같은 존재라 본 것이다.

제2수는 승려들이 勇猛精進하는 것에 비유하였다. 불교용어로서 용맹스럽게 불도를 수행함, 百難을 물리치고 向進에만 힘쓴다는 뜻이다. 그러니까 삭풍이 몰아쳐도 가슴이 뜨거워진다는 말을 할 수 있는 것이다. 그처럼 열렬히 수행하면 자연스럽게 거짓은 없어지고 진실만이 남게 될 것이다. 그러나 우리나라는 거짓이 득세하는 세상이 되었으니 크게 잘못되었다고 본다.

제3수의 중심 소재는 초승달이다. 그 초승달은 지붕 위에서 걸터앉은 모습을 했고, 새벽을 넘고 있는 상태에 있다고 했으니, 아직 여명의 시간은 오지 않은 것이다. 그런데 종장에서는 "저 불빛 잠 못 이루고 그 누구를 기다리나"라고 하였다. 이때의 불빛은 산장을 비춰주는 불빛으로 생각된다. 밤새워 밝히고 있으니, 잠을 못 이룬다 하였고, 그 모습은 누군가를 기다리는 형상에 비유했다. 겨울산장이라는 제목에 비춰 볼 때, 그 누군가는 봄에 나타날 위인이 아닐까. 제3수는 冬詞에 해당한다.

3. 사랑 노래

소박하게 산다는 게 얼마나 어려운지
손잡고 걷고 걸어 반세기 지나온 길
노을에 걸터앉아서 바라보는 시간들

사랑과 기쁜 일은 가슴에 쌓아놓고
눈물과 아픔들은 물에다 흘려가며
우리는 마주 보지 않고 같은 길을 걸었네

- 아름다운 길, 全文

　이 작품의 제목은 <아름다운 길>이니 좋은 인연 맺은 사람과 동행하는 것을 일컬은 것 같다. 화려하고 부유하게 살기도 힘들지만 그냥 소박하게 살아가는 것도 역시 힘들다는 것이다. 중장에서 "손잡고 걷고 걸어 반세기 지나온 길"이라 하였는데, 손잡고 걸었다는 것은 배우자와 함께 살았다는 것이고, 반세기를 지났다는 것은 그 배우자와 만난 기간도 반세기에 이른다는 것이다.
　종장은 은유법으로 멋있게 표현한 것 같다. "노을에 걸터앉아서 바라보는 시간들"이라 하였는데, 여기서 노을은 인생의 황혼기를 상징했다고 보인다. 그 황혼기를 아름답게 표현한 것이다. 늘그막에 시간을 잘 보내고 있다는 의미로 받아들여진다.
　이 작품은 사실상 자아의 이야기인데, 마치 자서전을 읽는 것 같은 느낌이 든다. 사랑과 기쁜 일은 가슴에 쌓아놓겠다 하였다. 소중하게 생각하고 잘 간직하겠다는 의미가 함축되었다. 반면에 눈물과 아픔들은 물에다 흘려버리겠다고 하였다. 그러니까 아름다운 추억은 길이 간직하고 괴로웠던 기억은 지워버리겠다는 뜻이다. 종장은 이 작품의 결론부인데, "우리는 마주 보지 않고 같은 길을 걸었네."라고 했는데, 마주 보게 되면 앞으로 前進할 수 없으니 이렇게 표현한 것 같다. "같은 길을 걸었네."라 한 것은 부부는 같은 운명, 夫婦一心同體라는 말이 생각난다.

> 이별이 정해 있어 상봉은 처연하다
> 오작교 견우직녀 온 밤을 불사르고
> 올해도 은하수에다 별 하나 출산한다
> 　　　　　　　　　　　　　　　- 칠석, 全文

 이 작품의 제목은 <칠석>인데, 여기에는 烏鵲橋 전설이 전한다. 칠석은 견우와 직녀가 오작교에서 일 년에 한 번씩 만나는 날이다. 또한 이 둘은 은하수를 사이에 두고 만나지 못하니, 이런 사연을 알게 된 까마귀와 까치들이 해마다 칠석날이 되면 이들이 만날 수 있도록 다리를 놓았는데, 이것이 오작교 전설이다.
 그러면 은하수는 어떤 존재인가? 하늘을 가로질러 은가루를 뿌려놓은 것처럼 희미한 띠가 걸려 있는데, 얼핏 보기에는 무지개처럼 보이나 사실은 지구를 둘러싸고 있는 고리와 같다.
 견우와 직녀는 일 년에 한 번씩 만나게 되어있으니, 만나자마자 바로 이별하게 되어 있다. 그러니 그 만남은 이별이 예정되어 있어 "상봉은 처연하다."는 심경을 노래할 수밖에 없었을 것이다. 그런데 견우와 직녀 사이는 부부인 것 같다. 중장에서 "오작교 견우직녀 온 밤을 불사르고"라 했으니, 부부가 아니라면 온 밤을 불사른다는 말을 사용하지 못했을 것이다. 그래서 그 부부 사이에 자식이 생겨났다는 것이다. 그것을 종장에서 "올해도 은하수에다 별 하나 출산한다."라고 하였다. 상상력을 동원한 재미있는 작품이다.

4. 나라사랑 정신

> 裂之耆 떠나실 제 삼각산 올라서서
> 가련한 백성에게 눈물로 일렀으리
> 싸워야 지킬 수 있다
> 그 말씀이 맴돌아
>
> 한강물 그날처럼 바다로 향해 가고
> 산천도 의연하게 그 자리 앉았는데
> 작금이 하 수상하니
> 임 그리며 서 있네
>
>   - 김상헌 시비에서, 全文

이 작품의 제목은 <김상헌 시비에서>이고, 시비가 있는 장소는 궁정동 무궁화 동산이다. 시비가 세워진 장소는 김상헌이 관직생활 할 때 살던 집과 관련이 있는 곳으로 본다. 김상헌(1570~1652)은 조선 인조·효종 때의 문신이다. 1596년 廷試文科, 1608년 文科重試에 급제하여 정언·교리·직제학 등을 역임하였다. 1623년 인조반정 후 이조참의에 발탁되어 공신세력의 정치에 반대함으로써, 서인 청서파의 대표가 되었다. 1636년 병자호란 때 척화를 주장한 탓으로 이듬해 강화되자 파직되고, 1639년 청나라에서 명나라를 공격하기 위해 요구한 출병을 반대하는 상소를 하여 이듬해 심양으로 잡혀갔다. 崇明派로 절의가 있어 신망을 받았다.

제1수 초장에 '裂之者'가 나오는데 이것은 병자호란 때 김상헌이 청나라에 대한 항복문서를 찢어버렸다는 데서 나온 말이다. 후구에 "삼각산 올라서서"라 했는데, 그는 청나라로 잡혀가면서 <삼각산 시조>를 남긴 바 있다.

> 가노라 삼각산아 다시 보자 한강수야
> 고국산천을 떠나고자 하랴마는
> 시절이 하 殊常하니 올동말동 하여라

김상헌의 이 작품은 조국에 대한 뜨거운 사랑이 절절 넘쳐흐른다. 마찬가지로 임만규의 작품에서는 "가련한 백성에게 눈물로 일러준 말"이 있을 것이라 하였다. 그 말씀 내용이 종장에 밝혀졌다. "싸워야 지킬 수 있다"는 그런 말씀이다. 그 말씀이 지금까지도 맴돌고 있다는 것이다. 현재 우리나라의 상황은 병자호란 때보다 나을 것이 없다.

제2수에서는 한강물이 그날처럼 바다로 향해 가고 있다 하였다. 한강물 뿐 아니라 산천도 의연하게 그 자리에 앉아있다고 하였다. 병자호란 당시에 김상헌이 지녔던 애국심이나 2021년 현재 임만규가 지닌 애국심은 대동소이하다. 무게를 잴 수는 없지만 막상막하라고 생각한다.

> 모이고 흩어지는 흥망은 몇 번인가

산하를 굽어보는 치악雉岳은 알고 있나
송림은 하늘 향하고 흰 구름만 흘러간다

비석이 눈을 뜨고 나그네 붙잡으며
청산에 드리워진 사랑가 불러주나
외로움 홀로 익어도 그리움은 푸르다고

바람에 귀를 씻고 가슴을 비질하며
옛 시간 간구하는 절개 푸른 임이시여
홀연히 숨으셨지만 향기조차 숨길 손가
- 솔 숲길을 거닐며, 全文

　이 작품의 제목은 <솔 숲길을 거닐며>이다. 이 숲길은 원주 치악산 원천석 선생의 묘역이 있는 곳이다. 그래서 시조의 내용도 원천석과 관련이 있는 것으로 사료된다. 제1수 초장에서 "모이고 흩어지는 흥망은 몇 번인가"라 했는데, 마치 원천석 시조 "흥망이 유수하니 만월대도 추초로다"라는 구절을 연상케 한다. 중장에서는 "산하를 굽어보는 치악은 알고 있나"라고 했는데, 치악산은 운곡 원천석 선생이 은둔한 곳이다, 그래서 "치악은 알고 있나"라는 내용이 성립될 수 있다. 이처럼 이 작품은 우리의 역사에 관심을 둔 것이다. 종장은 자아가 숲길을 거닐면서 치악산 주변의 아름다운 경치를 노래한 것으로 볼 수도 있다. 그러나 이것을 상징적인 시어로 본다면 '송림'은 변하지 않는 존재, '흰 구름은 변하는 존재로 해석된다.
　제2수에서 "비석이 눈을 뜨고"라고 했는데, 여기서의 비석은 원천석의 묘비이다. 그 묘비가 나그네를 붙잡고 사랑가를 불러주었다는 것이다. "외로움은 홀로 익어도 그리움은 푸르다"는 것이 그 사랑가의 내용이다.

제3수에서는 원천석을 절개 푸른 임이라 불렀는데, 바람에 귀를 씻고, 가슴을 비질하고, 그 옛 시간을 간구하는 그런 임이라 본 것이다. 원천석은 벼슬을 않고 치악산에 숨었지만, 그의 인품, 그의 절개, 그에게서 나는 향기는 숨길 수 없었다는 것이다.

이 시조는 읽기가 쉽고 이해가 잘 되고 시어를 적재적소에 잘 배열한 작품이다. 그러나 우리가 이렇게 쓰려면 이처럼 세련되게 써지지 않는다. 내공이 쌓인 작품이다. 음미할수록 맛이 난다.

태양이 찬란하게 동해로 솟구치고
갈매기 끼룩끼룩 파도 위 유희하니
끝없는 홍광천리에 새해새날 밝았네

역병아 물러가고 거짓도 사라져라
본래로 돌아가서 새봄을 노래하자
초인이 이 땅에 오셔서 바른 나라 세우리

- 새해 아침에, 全文

이 작품의 제목은 <새해 아침에>이다. 1년 365일 중에 가장 희망차고 즐겁고 기쁜 날이 새해 새아침이다. 묵은 것은 사라지고 새것만 굴러들어올 것 같은 느낌도 든다. 제1수 초장에서는 "태양이 찬란하게 동해로 솟구치고"라 했고, 중장에서는 갈매기가 파도 위에서 끼룩끼룩 놀고 있다고 하였다. 이처럼 좋은 환경이 전개되었으니, 좋은 일만 생길 것이란 기대를 갖게 된다.

종장에는 '弘光千里'란 말이 나온다. 크고 밝은 빛이 천리에 뻗쳐 있다는 것이다. 이것이 새해 아침의 정경이다. 이 이상 최고의 찬사를 올릴 수는 없을 것이다.

그러나 우리의 당면 과제는 코로나19, 즉 역병을 물리치는 일이다. 그 위에 거짓 뉴스도 물리쳐야 한다. 이런 실정이니 본래로 돌아가서 새봄을 노래하자고 하였다. 종장에서는 "초인이 이 땅에 오셔서 바른 나라 세우리."라고 하였는데, 여기에는 자아의 나라사랑 정신이 배어있다.

이육사의 <광야>라는 시에는 "다시 천고의 뒤에/ 백마 타고 오는 초인이 있어/ 이 광야에서 목 놓아 부르게 하리라."는 단락이 있다. 이육사는 그 초인이 광야에서 목 놓아 부르기를 원했는데, 임만규는 그 초인이 이 땅에 오셔서 바른 나라 세워주기를 기대하였다. 그 뜻이 너무 간절해서 독자를 감동시킨다.

5. 불교적 인생관

흐르는 강물만이 오로지 현재일 뿐
어제와 내일이란 모두 다 그림자니
눈을 떠 바라보아라
시간이란 없는 것

청춘의 사랑노래 중년의 고뇌 투쟁
노년의 고독조차 한 줄기 물길이라
쉼 없이 흘러 흘러서
자신에게 이르는

세상사 온갖 번뇌 윤회의 수레조차
　　　순간에 정지시킨 覺醒者 애달프다
　　　그 지혜 전할 길 없어
　　　가는 길만 이르는
　　　　　　　　　　　　　　　　　　- 강가에서, 全文

　이 작품의 제목은 <강가에서>인데, 그 강가에서 사색한 것을 작품화 한 것 같다. 부제는 <싯다르타>이니 불교와 관련이 있을 것이다. 작품의 내용이 철학적이라 일반의 상식으로는 접근하기 어렵다. "흐르는 강물만이 오로지 현재일 뿐"이라 했는데, 시간도 흐르는 것이고 강물도 흐르는 것이니 이렇게 이야기할 수 있을 것이다. "어제와 내일이란 모두 다 그림자니"라는 말도 실체가 없으니까 그림자에 비유한 것 같다.

　그래서 "눈을 떠 바라보아라."라 했고 "시간이란 없는 것"이란 결론을 내렸다. 시간이란 우리의 눈에 보이지 않고 우리의 손에 잡히지 않으니, 시간이란 없는 것이라 주장할 수밖에 없다는 생각이 든다. 시가 아니라 철학이라는 생각이 든다.

　제2수에서는 人生 歷程을 시기별로 나열하였다. 청춘 시절에는 사랑 노래, 중년 시절에는 고뇌와의 투쟁, 노년 시절에는 고독과의 싸움을 벌이면서 산다는 것이다. 그러나 이런 것들이 분리되는 것이 아니라 강물처럼 한줄기 되어 쉼 없이 흘러간다는 것이다. 흘러서 아주 먼 곳으로 가는 것이 아니라 자신에게 이른다고 했으니, 자업자득, 업보를 말하는 불교 이야기 같다.

　제3수에서는 "세상사 온갖 번뇌 윤회의 수레조차" 순간에 정지시

킨 覺醒者가 있다고 하였다. 그 각성자는 싯다르타 즉 석가모니 부처님을 지칭한 것 같다. 각성자는 깨달은 사람 부처님을 의미한다. 부처의 가르침은 인간 고통의 근본 원인인 애착과 욕심을 떨쳐버리고 마음의 평정, 열반에 이르라는 것이다. 제3수의 종장에서는 "그 지혜 전할 길 없어/ 가는 길만 이르는"이라 했는데, 불교는 自力종교라 가는 길을 알려만 주게 되니 애달프다고 한 것 같다.

이 외에도 불교 용어를 구사한 작품은 <수종사에서>, <백중>, <떠나잔다>, <상원사>, <홍련암>, <월정사에서> 등이 있다. 모두 임만규 시인의 불교관을 가늠케 하는 소중한 자료들이다.

이제까지 임만규 시인의 작품세계를 상세하게 살펴보았다. 인간적인 면에서는 진실을 추구하고 정도를 걷는 시인이라고 생각했고 성실하게 자기 계발을 위하여 노력하는 분이라 생각했다. 그래서 수필가도 되고 여행 작가도 되고 시조시인도 되었다고 생각한다. 문학적인 면에서 꾸준히 공부하고 실력을 쌓는 분이다. 작품 수준이 상당한 경지에 이르렀으며, 앞으로의 발전이 기대된다. 특히 시어의 선택을 잘해서 독자의 관심을 끌었고, 시조의 멋과 맛을 내는 솜씨를 발휘하였다.

해외 견문을 적은 기행시도 큰 비중을 차지하였는데, 이글에서는 평설을 생략해 매우 아쉽게 생각한다. 앞으로 계속 정진해 시조문단의 큰 시인이 되어주시기를 바란다.

■ 제1회 〈모상철 시조문학상〉 수상작

사막에서
-페루 와카치나

임만규

참으로 멀리 왔다 그래도 가야 한다
눈앞이 황량하니 나도 곧 사막 되나
세상은 열려있어도
길 찾기는 어렵다

욕망은 신기루라 꿈처럼 뒤척이고
먼 길을 걸어가면 추억도 짐이 되나
가슴이 너무 기름져
발걸음이 무겁다

여기서 실종되면 세상은 끝이 난다
마음을 열어야지 모래에 갇히려나
버리고 모두 버리고
가족 찾아 걷는다

■ 제1회 〈모상철 시조문학상〉 심사평

사물을 보는 시인의 철학적 안목이 내재해 있어

김 민 정((사)한국문협 시조분과회장, 문학박사)

이번에 〈모상철문학상〉이 신설되고 제1회 공모가 있어 꽤 많은 분이 응모를 하였다. 최종까지 올라온 3편이 모두 참신성이 있고 짜임새도 좋았다. 그중 한 편만 뽑아야 했기에 임만규 시인의 『사막에서-페루 와카치나』를 심사위원(김흥열 시인, 이석규 시인, 김민정 시인)의 만장일치로 뽑았다.

이 작품은 인생을 사막에 비유하고 있으며, 인생에 대한 깊은 통찰을 느끼게 하는 작품으로 평가된다. 부제로 페루 와카치나를 쓰고 있으나 사막 속에 있는 아름다운 오아시스 마을인 와카치나의 풍경 묘사 등은 작품에는 나오지 않는다. 그곳 사막을 여행하며 쓴 작품이라 여겨지며 부제와는 상관없이 인생을 사막에 비유한 내용만이 전개된다.

첫수에서는 '참으로 멀리 왔다. 그래도 가야 한다'라는 표현에서 인생을 살아온 날들이 많다는 것을 의미한다. 많이 살아왔지만 앞으로 더 살아가야 하는 생, 그러나 나이가 들면 들수록 세상인심은 점점 야박해지니 눈앞은 황량하고 화자 자신도 곧 사막이 될 것 같다는, 세상은 열려있어도 길 찾기는 쉽지 않다는 표현이 이 글을 읽는 독자의 공감을 자아낸다.

둘째 수에는 '욕망은 신기루라 꿈처럼 뒤척이고'란 표현 속에는 놓지 못한 욕망은 아직도 신기루로 꿈틀대고 많은 추억은 오히려 짐이 되는 나이, 가슴에는 버리지 못한 것으로 기름지고 비대해 있어 발걸음조차 무겁다는 것이다. 살아가면서 버려야 할 것들을 버리지 못한 욕심이 많음을 나타낸다.

셋째 수에 오면 화자는 자각한다. 헛된 욕망으로 멀리 가면 자아를 잃게 되고, 결국은 모래에 묻히게 됨을, 그래서 마음을 열고 세상을 향한 욕망을 줄이고, 가족의 소중함을 알아 그들을 향해 걷는다는 것이다. 끝까지 우리 곁에 남아서 우리를 아끼고 보살펴줄 것은 가족이라는 것을 깨닫는다.

좋은 시조작품이란 첫째는 정형시인 만큼 운율이 율격에 잘 맞아 부자연스러운 곳이 없어야만 한다. 내용이 아무리 좋아도 율격이 맞지 않거나 어색하면 실격이 된다. 가락이 자연스럽고, 내용에는 작가의 세계관 인생관, 자아관 등이 뚜렷하게 녹아 있어야 한다. 미적 아름다움을 노래하든, 생의 고달픔을 노래하든 하나의 사물을 보는 시인의 철학적 안목이 깊이 내재해 있어야 한다는 뜻이다.

이런 점에서 이번 임만규 시인의 작품은 형식과 내용을 잘 갖춘 작품으로 여겨져, 제1회 <모상철문학상>의 수상자로 결정하고, 당선됨을 진심으로 축하드린다. 앞으로 더욱 아름다운 작품을 보여주시리라 임만규 시인에게 기대해 본다.

(사) 한국시조협회 ≪시조사랑≫ 2020 봄호에서